Colorie :

Colle :

La moto

Le panneau

La boîte aux lettres

L'avion

Les immeubles

La voiture

Le feu est vert pour les piétons :
Tim traverse.

L'arbre

Le feu de signalisation

Le panier

Le toboggan

Le chien

La fontaine

STOP

La balançoire

L'oiseau

La trottinette

Le lampadaire

Le cartable

Le vélo

La boutique

Les vêtements

Le chat

Le bus

La poubelle

Le banc

Imprimé en Belgique